Ex Libris Bibliothecæ quã Illustriss. Ecclesiæ Princeps

D. PETRVS DANIEL HVETIUS

Episcopus Abrincensis Domui Professæ

Paris. P.P. Soc. Iesu Integram Vivens Donavit.

Anno. 1692

Domus professae paris. societ. Jesu

RELATION

DE CE QVI S'EST PASSÉ DE PLVS REMARQVABLE AVX MISSIONS DES PERES de la Compagnie de IESVS, EN LA NOVVELLE FRANCE,

aux années mil six cent soixante cinq, & mil six cent soixante six.

Envoyée au R. P. IACQVES BORDIER *Provincial de la Province de France.*

A PARIS,

Chez SEBASTIEN CRAMOISY, & SEBASTIEN MABRE CRAMOISY, Imprimeurs ordinaires du Roy, ruë S. Iacques, aux Cicognes.

M. DC. LXVII.

Avec Privilege du Roy.

AV REVEREND PERE

IACQVES BORDIER,

Provincial de la Compagnie de IESVS dans la Province de France.

ON REVEREND PERE,

Les nouvelles de nos Missions, & de l'établissement du Royaume de Iesus-Christ en ce païs, sont tellement jointes avec celles qui regardent le service du Roi & la gloire de nostre Nation; que c'est vous mander l'état du Christianisme, & toutes les esperances de nos soins & de

nos travaux, que de vous faire les Relations de guerre que je vous envoye. Les armes de sa Majesté, qui ont fait voir que rien n'est impoßible à ceux qui combattent pour un si grand Prince, ont levé le plus grand obstacle de l'Evangile dans ces grandes Regions, en abaissant l'orgueil des Nations qui s'y opposoient. Il n'y a personne qui connoisse la nature de ce païs, qui n'admire dans les expeditions de nos troupes, & sur tout dans la derniere de Monsieur de Tracy, une protection toute particuliere du Ciel sur la Nouvelle France, & un courage & une conduite admirable dans ceux qui les ont entreprises. La fierté

& l'insolence des ennemis de la Croix du Sauveur, ne venoit que des difficultés qu'il y avoit à les attaquer, qu'on avoit toûjours jugées insurmontables. Ces Barbares s'étant veus chassés du cœur de leur païs, ont enfin conceu qu'il n'estoient pas invincibles; & Dieu a voulu en épargnant leur sang, que nous eussions tout l'avantage de ces victoires, sans en craindre aucune suite fâcheuse. Le desir de la vengeance qui est extreme en eux, quand ils ont fait de ces sortes de pertes qui leur coutent beaucoup de sang, les eust plus éloignés de la paix, que leur propre interest ne les eust obligé de la rechercher: & ils eussent moins

esté incommodés de la mort d'un tres-grand nombre de leurs plus vaillans soldats, qu'ils ne le seront de la perte de toutes leurs provisions, qui les obligera de se retirer quarante lieuës plus avant dans le païs, & d'y porter avec eux l'effroi & la famine par tout. De sorte qu'on peut dire que c'est le Dieu de la paix qui est Autheur de cette merveille, & qui nous a fait vaincre d'une maniere qui est plus utile à la Foy & aux desseins de nostre grand Monarque, & qui n'a pas esté moins glorieuse à nos troupes; puisqu'il n'y falloit pas moins de sagesse & de conduite dans les Chefs, & qu'il y falloit beaucoup plus de courage & de conſtance dans les ſoldats. Auſſi ces ſuccez ont-ils répandu en ce païs une joye univerſelle qui ſera encore plus grande par la ſuite lorſque nous recueïllerons les fruits de la victoire. Ie vous prie de donner toûjours pour cela vôtre benediction à nos travaux, & de nous attirer celle du Ciel par vos prieres. Ie ſuis,

MON REVEREND PERE,

Voſtre tres-humble & tres-obeïſſant ſerviteur FRANÇOIS LE MERCIER de la Compagnie de IESVS.

A Kebec le 12. de Novembre 1666.

TABLE DES CHAPITRES.

Extrait du Privilege du Roy.

Par grace & Privilege du Roy, il eſt permis à Sebastien Cramoisy Imprimeur ordinaire du Roy, Directeur de l'Imprimerie Royale du Louvre, & ancien Eſchevin de Paris, d'imprimer ou faire imprimer, vendre & debiter un Livre intitulé, *La Relation de ce qui s'eſt paſſé en la Miſſion des Peres de la Compagnie de Ieſus, au Païs de la Nouvelle France, és annés 1665. & 1666.* Et ce pendant le temps de vingt années. Avec defenſes à tous Libraires, Imprimeurs, & autres, d'imprimer ou faire imprimer ledit Livre, ſous pretexte de déguiſement ou changement, aux peines portées par ledit Privilege. Donné à Paris en Ianvier 1667. Signé, par le Roy en ſon Conſeil.

Mabovl.

RELATION DE CE QVI S'EST PASSÉ DANS LA NOUVELLE FRANCE aux années 1665. & 1666.

CHAPITRE I.

De ce qui s'est passé de plus remarquable à Quebec.

COMME la feu Reine Mere a toûjours donné des marques toutes particulieres de sa bonté pour ce païs, & de son zele pour y établir la Foy, on n'a pas crû y devoir rien omettre de tout ce qui pouvoit contribuer à faire voir la reconnoissance que l'on en conserve aprez sa mort. Aussitost que l'on y en receut la nouvelle, on se mit en devoir de témoigner par le deuil des Eglises, celui que chacun avoit tres avant dans le cœur. Elles furent toutes tenduës de noir, & l'on y fit durer pendant plusieurs jours les services & les prieres ordinaires.

Monsieur Tallon Intendant pour le Roi en ce païs, signala sur tout l'affection qu'il a pour le service de sa Majesté, & son respect pour la memoire de cette grande Princesse, faisant faire le 3. d'Aoust de l'année 1666. dans la principale Eglise de Quebec un Service chanté en musique, qui eust semblé magnifique par tout ailleurs ; mais qui le parut au delà de ce qu'on peut exprimer dans un païs où l'on n'avoit jamais rien veu de ſemblable.

Monſieur de Tracy Lieutenant general pour ſa Majeſté en toute l'Amerique, Monſieur de Courcelles Gouverneur de la Nouvelle France, Monſieur l'Intendant, & toutes les perſonnes les plus conſiderables s'y trouverent en deuil ; & Monſieur l'Eveſque de Petrée y officia, aſſiſté de pluſieurs Eccleſiaſtiques en chape.

Toute cette aſſemblée fut d'autant plus ſatisfaite de l'Oraiſon funebre qui y fut prononcée, qu'on y fit ſur tout l'eloge de ce zele admirable que cette grande Reine avoit toûjours eu pour la conſervation de ce païs, & pour le ſalut des infideles, dont on voit ici de tous costés des marques illustres.

C'est ce qu'on pouvoit mander de plus considerable de Quebec, & à quoy l'on a crû que l'on s'interesseroit davantage en France, comme l'on ne pouvoit rien faire en Canada avec plus de justice ni avec plus d'affection.

Toutes les autres choses qui s'y font d'ordinaire soit pour le salut des ames, soit pour la gloire & pour les avantages de nostre Nation, s'y font avec plus d'ordre, plus de soin & plus de vigueur que jamais, par le desir que ceux qui y sont ont de plaire au Roi du Ciel, & d'obeïr au plus grand Roi de la terre, qu'on voit étendre les effets de sa vigilance & de sa bonté sur ces peuples que Dieu appelle à la Foi par son moyen, comme ſur ceux dont la conduite luy a eſté laiſſée par ſes anceſtres.

Entre pluſieurs Sauvages qui ont eſté, en mourant ſaintement, d'heureux fruits des Miſſions, on a ſur tout admiré une petite fille Huronne, que cette Egliſe a perduë à l'âge de treize ans. Il n'y avoit rien de ſi ſurprenant, que de voir cet enfant, qui ayant perdu dez l'âge de dix ans ſon pere & ſa mere, non ſeulement ſe paſſoit de leur conduite, par les lumieres & par les ſecours extraordinaires qu'elle recevoit de l'eſprit de Dieu; mais tenoit auſſi lieu de pere & de mere à deux freres qu'elle avoit, beaucoup plus jeunes qu'elle.

Elle vivoit dans une retraite & dans un recueillement continuels, & Dieu lui donnoit des ſentimens de nos myſteres ſi fort au deſſus de ſon âge, qu'il n'y avoit perſonne qui n'en fuſt ſurpris. Ses deux petits freres qu'elle nourriſſoit de ſon travail, recevoient auſſi d'elle toutes les inſtructions & tous les exemples de vertu dont leur âge eſtoit capable; de ſorte que les plus habiles Miſſionnaires, qui s'y fuſſent donnés bien de la peine, n'euſſent pû y mieux reüſſir. La mort de ces deux petits garçons l'ayant laiſſée libre, elle demanda avec inſtance d'entrer chés les les Meres Vrſulines; & elle eſtoit ſur le point de l'obtenir, lors qu'il plût à Dieu de la placer dans le Ciel parmi les Vierges qui ſuivent l'Agneau. Tous ceux de ſa Nation, & les François de tout âge, alloient à l'envi admirer le courage de cette genereuſe fille, & s'inſtruire par les exemples de ſa reſignation & de ſa patience. La devotion tendre qu'elle avoit pour le S. Sacrement de l'Autel, lui faiſoit ardemment deſirer de ne paſſer aucun jour ſans recevoir ce Pain de tous les jours. On le lui accorda ſeulement trois fois durant ſa maladie, & ſon extreme foibleſſe ne pût l'empeſcher de l'aller recevoir à genoux les deux premieres fois; mais la derniere, le mal l'ayant trop accablée, elle fut obligée de demeurer au lit. Elle receut à lors ſon Sauveur avec des ſentimens ſi tendres, des deſirs & des tranſports d'amour ſi ardens, que les perſonnes qui eſtoient accouruës en grand nombre, fondoient en larmes à ce ſpectacle, & ſembloient toutes reſſentir la meſme devotion, qui eſtoit dans le cœur de la malade. *Ah mon Sauveur!* diſoit-elle ſouvent, *quand vous verray-je? Puiſque ce ne peut eſtre en cette vie, accordés-moi une prompte mort.*

Rien ne l'affligeoit tant, que lors qu'on lui diſoit que ſa derniere heure n'eſtoit pas encore ſi proche; & l'on peut dire que cette ſainte impatience de s'unir à Dieu, lui eſtoit incomparablement plus ſenſible que toutes les douleurs de ſa maladie.

Elle ſe tenoit ſi aſſeurée de jouïr de ce bonheur, qu'elle promettoit ſans heſiter, aux perſonnes à qui elle avoit obligation, de bien prier le Sauueur & ſa ſainte Mere, pour leur obtenir les vertus qui leur ſeroient les plus neceſſaires. Enfin le moment qu'elle avoit tant deſiré eſtant venu, elle expira doucement, en recommandant juſqu'au dernier ſoûpir ſon ame à ſon Epoux celeſte. Son viſage, qu'elle avoit toûjours eu fort beau, parut aprez ſa mort plus frais, plus vif & plus éclatant qu'à l'ordinaire; de ſorte que tout le monde en glorifia Dieu, comme d'un effet de ſa toute puiſſance, qui vouloit donner cette marque viſible de l'eſtat heureux auquel il avoit appellé cette fille admirable. Les peuples perſuadés de ſa ſainteté, parerent ce corps vierge, & accompagnerent ſon enterrement de toute la plus grande magnificence qui ſe puiſſe pratiquer en ce païs, comme s'ils euſſent plûtoſt celebré ſes noces avec le divin Epoux des ames, qu'une ceremonie lugubre.

CHAPITRE II.

Des Miſsions Huronnes, Algonquines & Papinakioiſes.

LA ſageſſe de Dieu, qui tire toûjours le bien du mal, rend utile à un tres grand nombre de peuples ſauvages la ruine & la diſſipation de l'Egliſe Huronne, dont les membres diſperſés ſervent à porter par tout le Canada le flambeau de la Foi, qui les a éclairés.

Quelque grande averſion que les Iroquois paroiſſent avoir de l'Evangile, on la preſche & l'on en conſerve les maximes parmi eux. Les captifs Hurons qui y ſont en tres grand nombre, ſçavent trouver au milieu de ces barbares la liberté des enfans de Dieu: non ſeulement ils y font une profeſſion ouverte de noſtre ſainte Religion, mais ils y forment meſme de petits troupeaux de Ieſus-Chriſt, dans des cabannes champeſtres, où ils s'aſſemblent pour y faire leurs prieres, & toutes les autres actions de Chreſtien, qui ſe peuvent faire ſans Preſtres & ſans Paſteurs.

Vn Gentilhomme François, qui fut pris cet Eſté dernier par les Iroquois, & mené à Agnié, & qui fut mis depuis en liberté, rend des témoignages illuſtres de la vertu de ces heureux captifs, qui l'exhortoient par ſignes à unir ſes ſouffrances à celles que le Sauveur a endurées ſur la Croix ; qui lui rendoient tous les bons offices imaginables, ſans craindre de s'expoſer à la mort la plus cruelle, pour le ſecourir ; & qui enfin lui donnoient à tous momens des exemples admirables de leur charité, de leur patience, de leur pieté, & de leur parfait attachement à la veritable Religion.

Mais les fruits du zele de ces pauvres Hurons s'étend encore plus loin que les païs des Iroquois. L'on a appris que dans celui des Rigueronnons, éloigné de Quebec de plus de 500. lieuës, un Predicateur Huron y a fait connoiſtre Ieſus-Chriſt, & y a commencé l'établiſſement d'une Egliſe, qui ſemble déja floriſſante, tant les peuples y paroiſſent affectionnés à l'Evangile. Ce fervent Chreſtien âgé de 60. ans, aſſemble tous les Dimanches les fideles de ſa nation, qu'il exhorte à la vertu, & qu'il inſtruit de nos myſteres: & il leur fait reciter toutes leurs prieres de la meſme maniere qu'il l'a veu pratiquer autrefois aux Ieſuites au temps de ſa converſion. Il les porte meſme auſſi à faire ſouvent des actes de contrition, & leur fait ſuppleer de cette façon, autant qu'il peut, au defaut de la Confeſſion.

Il y a plus d'un an qu'on n'a receu aucunes nouvelles du Pere Claude Allouëz, qui eſt depuis prez de deux ans parmi les Algonquins ſuperieurs, & qui court avec eux dans de vaſtes foreſts, qui ſont éloignées de Quebec de prez de 500. lieuës: ſoit que ce

Pere ſuccombant aux extremes fatigues de cet emploi, ait ſuivi dans le Ciel le Pere René Menard ſon predeceſſeur ; ſoit que les courſes des Iroquois ayent empeſché ces peuples éloignés de venir à Quebec faire leur commerce ordinaire.

Dieu a donné de grandes benedictions aux travaux du Pere Henri Nouvel, auprez des Papinachiois , & des autres peuples qui ſont au deſſous de Tadouſſac ; & cette Miſſion a mis pluſieurs neophytes dans l'Egliſe , outre quarante-ſix enfans qui ont eſté baptiſés. Ces pauvres peuples qui ſemblent n'eſtre ſortis du fond des foreſts pour venir juſqu'à noſtre grand fleuve, que par un inſtinct du S. Eſprit, qui veut leur y faire trouver leur ſalut, ont une ſi merveilleuſe affection pour les myſteres de nôtre ſainte Religion, qu'on les vit faire retentir l'air avec des ſentimens de joye toute extraordinaire, par des Cantiques devots en leur langue, auſſi-toſt qu'ils apperceurent la Croix, qu'on planta ſur ces terres pour en prendre poſſeſſion au nom de Ieſus-Chriſt ; & ils firent durer leur chant & leurs acclamations plus long temps que cette ceremonie qu'ils honoroient.

On eſpere que la Miſſion de Sillery aura pour protecteur dans le Ciel Noel Tecouërimat, qui eſtoit de ſon vivant ſon plus grand appui ſur la terre. C'eſtoit un Capitaine, qui s'eſtoit acquis par ſon eſprit, par ſa conduite, & par ſon eloquence naturelle, toute l'authorité parmi ceux de ſa nation, & la premiere place dans leurs conſeils. Il s'en eſt toûjours ſervi depuis quarante ans qu'il s'eſtoit attaché aux François, à engager tous les ſiens dans leurs intereſts; & encore plus, à les porter tous à la veritable Religion, qu'il avoit embraſſée. Toutes les plus rudes épreuves dont il a plû à Dieu d'épurer ſa foi, n'ébranlerent jamais ſa conſtance; & bien loin d'eſtre tenté d'infidelité comme quantité d'autres, par les differens malheurs qui lui arriverent depuis ſa converſion, il en remercia toûjours celui qui les lui envoyoit, comme d'autant de marques de ſa bonté particuliere. Il ne ſe contenta pas de porter tous ſes proches à ſuivre la Croix de Ieſus-Chriſt

Christ comme lui, mais il voulut mesme les exhorter à la faire honorer des autres peuples; & quelques-uns d'entre-eux ont suivi l'exemple qu'il leur donnoit, d'aller jusques dans les païs étrangers annoncer l'Evangile, & faire les fonctions de zelés Predicateurs. Enfin ce genereux Algonquin mourut le 19. jour de Mars, de l'année 1666. avec les mesmes sentimens de pieté qu'il avoit eus durant sa vie, laissant à tous une tres-grande estime des vertus qu'on lui avoit veu pratiquer.

On ne peut omettre ici la guerison subite de quelques malades Algonquins, qui a paru miraculeuse à ces peuples, qui en estoient témoins; & qui ne paroistra pas incroyable à ceux qui ont pratiqué les deux hommes Apostoliques, aux merites desquels Dieu a semblé accorder cette grace.

Vn de ces Sauvages, appellé Apicanis, avoit esté reduit à l'extremité par une de ces maladies, dont on meurt le plus ordinairement en ce païs-là. Le Pere qui l'assistoit croyant, comme tous les autres, qu'il estoit prest d'expirer, lui avoit donné le Viatique & l'Extréme-Onction ; lorsque ce malade, qui sçavoit quels travaux le feu Pere Paul le Ieune avoit soufferts pour la conversion de ceux de sa Nation, à qui il avoit le premier préché l'Evangile, & dans quelle reputation de vertu il estoit depuis mort à Paris, commença de l'invoquer. Son Confesseur admirant sa confiance, pria tous les assistans de se mettre en prieres avec ce Sauvage, & lui fit toucher quelques papiers écrits en langue Montagneſe par ce ſerviteur de Dieu, & un Livre dont il s'eſtoit autrefois ſervi. On vit alors le malade delivré tout à coup de la violence de ſon mal, & pris d'un doux ſommeil, qui dura juſqu'au lendemain matin, qu'il ſe trouva à ſon réveil, plein de ſanté & d'appetit : de ſorte qu'il fut dez l'heure meſme dans la Chappelle, au grand étonnement de tout le monde, rendre graces à Dieu, & à celui qu'il croyoit, aprez Dieu, l'autheur d'une ſi grande merveille. Vn des enfans de ce meſme homme s'eſtant ſervi quelque temps aprez du meſme remede, dans une pareille extremité, en reçeut le meſme effet, comme il avoit paru y avoir une égale confiance.

Vn jeune homme parmi ce mesme peuple, avoit esté aussi reduit par la maladie en une telle extremité, que sa mere fut querir en grande haste le Pere qui avoit soin de cette Mission, pour l'assister à la mort, & lui fermer les yeux. Mais ce Pere, qui sceut quelle confiance & la mere & le fils avoient au feu Pere de Brebeuf, dont ces peuples ont la memoire en une extréme veneration, crût pouvoir employer auprés de Dieu le credit de ce zelé Religieux, qui a répandu pour sa gloire, son sang dans ces Missions. Il le fit si heureusement, qu'ayant quitté le malade, aprez lui avoir fait toucher quelques Reliques de ce Pere, & avoir obligé la mere à dire quelques prieres, si son fils recouvroit la santé ; il trouva le lendemain matin à son retour, le fils plein de ſanté, & la mere pleine de joye & de reconnoiſſance pour leur bienfaiteur.

Dieu fait encore de plus grands miracles tous les jours, ſur les ames de ces pauvres Sauvages, qu'il conſerve quelquefois par ſa grace, dans une ſainteté plus merveilleuſe, que ne le peuvent eſtre toutes les gueriſons des malades, ni meſme que la reſurrection des morts. On peut mettre au nombre de ces merveilles ſi extraordinaires de la grace, la vie toute ſainte d'une vieille femme, nommée Charlotte Neſtaoüip, qui eſt morte aprés une maladie & des douleurs continuelles de ſept mois, dans une ſainteté & une innocence qui n'a preſque point d'exemple, meſme parmi les peuples policés, où la corruption eſt beaucoup moindre que parmi ces barbares. Cette vertueuſe Chreſtienne a conſervé juſques à la mort l'innocence qu'elle avoit receuë au Bapteſme, & emporté de ce monde le merite d'une patience heroïque, qu'elle y avoit toûjours exercée depuis ſa converſion.

CHAPITRE III.

De la guerre & des Traités de paix des François avec les Iroquois.

LA grande diverſité des Nations qui ſont dans ces contrées, l'humeur changeante & perfide des Iroquois, & la barbarie de tous ces peuples, ne pouvant nous laiſſer eſperer aucune paix ſtable avec eux, qu'autant qu'on la maintiendra par la terreur des armes du Roi ; il ne faut pas s'étonner que la paix ſuccede ſi aiſément à la guerre, & que les guerres ſe terminent ſi-toſt par la paix.

On a veu dans une année à Quebec, les Ambaſſadeurs de cinq differentes Nations, qui venoient y demander la paix, & qui n'ont pas empéché qu'on n'ait puni par une bonne guerre, ceux qui répondoient mal par leur conduite, aux promeſſes de leurs deputés.

Les premiers de ces Ambaſſadeurs venus de la part des Iroquois ſuperieurs, furent preſentés à Monſieur de Tracy dans le mois de Decembre de l'an 1665: & le plus conſiderable d'entre eux eſtoit un Capitaine fameux, appellé Garacontié, qui a toûjours ſignalé ſon zele pour les François, & employé le credit qu'il a parmi toutes ces Nations, pour tirer de leurs mains nos priſonniers; comme il en a delivré tout recemment le ſieur le Moine habitant de Montreal, qui avoit eſté pris depuis trois mois par ces Barbares.

Monſieur de Tracy lui ayant témoigné par les preſens ordinaires, qu'il lui donneroit une audience favorable, il lui fit une harangue pleine de bon ſens, & d'une eloquence qui n'avoit rien de barbare. Elle ne contenoit que des civilités, & des offres d'amitié & de ſervice de la part de toute ſa nation; des vœux pour une nouvelle Miſſion de Ieſuites & des complimens de condoleance ſur la mort du feu Pere le Moine, dont il venoit d'apprendre la nouvelle. *Ondessonk*, dit-il en apostrophant à haute voix ce Pere que ces Barbares appelloient ainsi, *m'enten-tu du païs des morts, où tu es passé si viste? C'est toi qui as porté tant de fois ta teste sur les échafaux des Agniehronnons : c'est toi qui as esté courageusement jusques dans leurs feux, en arracher tant de François : c'est toi qui as mené la paix & la tranquillité par tout où tu passois, & qui as fait des fideles, par tout où tu demeurois. Nous t'avons veu sur nos nattes de conseil, decider les affaires de la paix & de la guerre : nos cabannes se sont trouvées trop petites quand tu y es entré, & nos villages mesmes estoient trop étroits, quand tu t'y trouvois; tant la foule du peuple que tu y attirois par tes paroles, estoit grande. Mais ie trouble ton repos, par ces discours importuns. Tu nous as si souvent enseigné que cette vie de miseres, estoit suivie d'une vie eternellement bienheureuse ; puis donc que tu la possedes à present ; quel suiet avons-nous de te regretter ? Mais nous te pleurons, parce qu'en te perdant, nous avons perdu nostre Pere & nostre Protecteur. Nous nous consolerons neantmoins sur ce que tu continues de l'estre au Ciel, & que tu as trouvé dans ce seiour de repos, la ioye, infinie, dont tu nous as tant parlé.*

Il conclut enfin ce discours, en faisant voir avec modestie, tout ce qu'il a fait pour les François, & leur demandant pour toute recõpense, leurs bonnes graces, & la liberté de trois prisonniers de sa nation. Sa harangue fut interrompuë par la ceremonie ordinaire des presens,

& il en mettoit un à chaque point de son discours, aux pieds de Monsieur de Tracy, qui répondit à ses demandes avec toute la bonté qu'il pouvoit souhaiter. Non seulement il lui accorda les trois prisonniers, & lui promit la paix, & la protection du Roi pour sa nation; mais il lui fit mesme esperer la mesme grace pour les autres nations Iroquoises, si elles aimoient mieux se porter d'elles-mesmes à leur devoir, que de s'y laisser contraindre par la force des armes.

Cependant comme l'on ne doit attendre aucun avantage de ces nations, qu'autant qu'on paroist en estat de leur pouvoir nuire, on fit les preparatifs pour une expedition militaire, contre celles avec qui il n'y avoit point de paix concluë. Monsieur de Courcelles qui en fut le Chef, y apporta toute la diligence possible, de sorte qu'il se trouva prest à partir le 9. de Ianvier de l'année 1666. accompagné de Monsieur du Gas, qu'il prit pour son Lieutenant, de Monsieur de Salampar Gentilhomme volontaire, du Pere Pierre Raffeix Iesuite, de 300. hommes du Regiment de Carignan-Salieres, & de 200. volontaires habitans des Colonies Françoises. Cette marche ne pouvoit estre que lente, chacun ayant aux pieds des raquettes, dont ils n'estoient pas accoustumés de se servir; & tous, sans en excepter les Chefs, ni Monsieur de Courcelles mesme, estant chargés chacun de 25. ou 30. livres de biscuit, de couvertures, & des autres provisions necessaires.

A peine pourroit-on trouver

dans toutes les histoires une marche plus difficile ni plus longue, que le fut celle de cette petite armée; & il falloit un courage François, & la constance de Monsieur de Courcelles pour l'entreprendre. Outre l'embarras des raquettes, qui est une espece d'entraves fort incommodes, & celui des fardeaux que chacun estoit obligé de porter, il falloit faire trois cens lieuës sur les neges, traverser continuellement sur la glace, des lacs & des rivieres, en danger de faire autant de chûtes que de pas; ne coucher que sur la nege, au milieu des forests, & souffrir un froid qui passe de beaucoup la rigueur des plus rudes hivers de l'Europe.

Cependant nos Troupes estant allées le premier jour à Sillery, pour recommander le succez de leur entreprise à l'Archange saint Michel Patron de ce lieu-là ; plusieurs eurent dez le troisiéme jour le nés, les oreilles, les genoux & les doits, ou d'autres parties entierement gelées, & le reste du corps couvert de cicatrices: & quelques autres, entierement entrepris & engourdis par le froid, seroient morts sur la nege, si l'on ne les avoit portés avec beaucoup de peine jusqu'au lieu où l'on devoit passer la nuit.

Les sieurs de la Foüille, Maximin & Lobiaç Capitaines au Regiment de Carignan, ayant joint le 24. de Ianvier aux trois Rivieres cette petite armée avec chacun 20. soldats de leurs Compagnies, & quelques habitans du lieu ; le froid les traita dés le jour suivant, plus mal qu'il n'avoit fait les jours precedens, & l'on fut contraint de reporter plusieurs soldats, dont les uns avoient les jambes coupées par les glaces, & les autres les mains ou les bras, ou d'autres parties du corps entierement gelées. Ces pertes furent reparées par les sieurs de Chambly, Petit, & Rogemont Capitaines du mesme Regiment, & par le sieur Mignardé Lieutenant de la Colonnelle, qui furent tirés des forts de S. Louïs & de sainte Therese, où estoit le rendés-vous des Troupes, le 30. de ce mesme mois : De sorte que l'armée estant encore de 500. hommes effectifs, arriva enfin le 14. de Fevrier avec les mesmes peines & les mesmes dangers qu'auparavant, dans le païs des ennemis, à 20. lieuës de leurs bourgades. Ce chemin qui restoit à faire, dura long temps, à cause de la prodigieuse hauteur des neges, & du retardement des guides Algonquins, faute desquels il fallut tenter des routes inconnuës, & s'engager dans des égaremens continuels.

On apprit enfin des prisonniers, qu'on fit dans quelques cabanes avancées, qui furent prises, & du Commandant d'un hameau habité par les Hollandois de la nouvelle Hollande, que la plus-part des Agnieronnons & Onneiouthronnons estant allés plus avant faire la guerre à d'autres peuples appellés les faiseurs de porcelaine, ils n'avoient laissé dans leurs bourgs que les enfans, & les vieillards infirmes : & l'on reconnut qu'il seroit inutile de pousser plus loin une expedi-tion,

tion, qui avoit tout l'effet que l'on en avoit pretendu, par la terreur qu'elle avoit mise parmi toutes ces Nations ; qui n'estoient fieres & perfides, que parce qu'elles se croyoient inaccessibles à nos troupes. On ne retourna cependant qu'aprez avoir tué plusieurs Sauvages, qui paroissoient de temps en temps pour écarmoucher avec les nostres, de dedans les forests. Le sieur d'Aiguemorte & quelques-uns de nos soldats furent aussi tués en les poursuivant.

On vit à Quebec dez le mois de May suivant ce qu'avoit produit la crainte des armes de sa Majesté dans les cœurs de ces Barbares, par l'arrivée des Ambassadeurs Sonnontoüaeronnons, qui demandoient pour leur Nation, la protection du Roy, & la continuation de la paix, qu'ils pretendoient n'avoir jamais violée par aucun acte d'hostilité. Monsieur de Tracy avoit d'abord refusé 34. presens qu'ils lui avoient offerts; mais voyant que ce refus leur estoit extremément sensible, & qu'ils le prenoient pour la derniere injure qu'on pût leur faire; il accepta enfin leurs porcelaines, en leur repetant, que ce n'estoit pas leurs presens ni leurs biens que le Roi desiroit, mais leur veritable bonheur, & leur salut; qu'ils receyroient toutes sortes d'avantages de la confiance qu'ils prendroient en sa bonté, & qu'il ne tiendroit qu'aux autres Nations, d'en ressentir aussi tous les effets les plus favorables, si elles avoient le mesme soin de l'implorer, en envoyãt au pluſtoſt leurs Ambaſſadeurs.

Ceux-ci furent ſuivis de prez de ceux des autres peuples, & entre autres de ceux d'Onnëiout, & meſme de ceux d'Agnié, de ſorte que les Deputés de cinq Nations Iroquoiſes ſe trouverent preſque en meſme temps à Quebec, comme pour y affermir d'un commun conſentement une paix durable avec la France.

Afin d'y mieux parvenir, l'on jugea à propos de deputer quelques François avec les Ambaſſadeurs d'Onneyout, qui répondoient auſſi de la conduite des Agnieheronnons, & donnoient meſme pour eux des oſtages. Les Hollandois de la nouvelle Hollande avoient auſſi écrit en leur faveur, & ſe rendoient caution de la fidelité de tous ces Barbares, à obſerver exactement les articles de la paix qu'on feroit avec eux. Ces Deputés François avoient ordre de s'informer ſoigneuſement ſur les lieux de toutes choſes, & de voir s'il y auroit quelque ſeureté à ſe fier encore une fois aux Sauvages, afin que les armes de ſa Majeſté ne fuſſent point retardées par une fauſſe eſperance de la paix.

Mais à peine les Ambaſſadeurs furent-ils éloignés de deux ou trois journées de Quebec, qu'on apprit que quelques François du Fort de ſainte Anne, eſtant allés à la chaſſe, avoient eſté ſurpris par les Agniehronnons, & que le ſieur de Traverſy Capitaine au Regiment de Carignan & le ſieur de Chuſy, en avoiēt eſté tués, & quelques volontaires faits priſonniers. Cela fit auſſi-toſt rappeller les Deputés François, & retenir les Sauvages d'Onneiout, qui estoient demeurés en ostage, ausquels selon les loix de la guerre de ce païs, on devoit aussi-tost fendre la teste à coups de haches. Mais sans suivre ces loix barbares, on pensa aux moyens de tirer mieux raison de cette perfidie; & Monsieur Sorel Capitaine au Regiment de Carignan, fit aussi-tost un parti de trois cens hommes, qu'il mena à grandes journées dans le païs des ennemis, en resolution d'y faire main basse par tout. Mais lorsqu'il n'estoit qu'à vingt lieuës de leurs bourgades, il rencontra de nouveaux Ambassadeurs qui ramenoient les François pris prez du Fort de sainte Anne, & qui venoient offrir toute sorte de satisfaction pour le meurtre de ceux qui avoient esté tués, & de nouvelles seuretés pour la paix. De sorte que ce Capitaine estant retourné avec ses troupes, on ne parla plus que de paix, qu'on pretendoit conclure, par un commun conseil de toutes les Nations, qui avoient en mesme temps leurs Deputés à Quebec.

Ces Traités n'eurent pas encore tout le succez qu'on en esperoit, & Monsieur de Tracy jugea que pour les faire bien reüssir, il falloit par la force des armes, rendre encore plus traitables les Agniehronnons, qui faisoient toûjours naistre de nouveaux obstacles à la tranquillité publique. Il voulut lui-mesme malgré son âge avancé conduire contre ces Barbares une armée composée de six cens soldats, tirés de toutes les Compagnies, de ſix cens habitans du païs, & de cent Sauvages Hurons & Algonquins. Tous les appreſts de cette guerre ſe trouverent en eſtat par les ſoins de Monſieur Talon, le 14. de Septembre, qui eſtoit le jour aſſigné pour le depart, parce que c'eſt celui de l'Exaltation & du triomphe de la Croix, pour la gloire de laquelle on faiſoit cette entrepriſe. Le rendés-vous general eſtoit donné au 28. de Septembre, au Fort de sainte Anne, conſtruit nouvellement dans une Iſle du lac de Champlain par le ſieur de la Mothe Capitaine au Regiment de Carignan. Quelques troupes n'ayant pû y venir aſſés-toſt, Monſieur de Tracy ne pût en partir que le 3. d'Octobre, avec le gros de l'armée. Mais Monſieur de Courcelles, ſuivant ſon impatience ordinaire de ſe trouver dans l'occaſion, partit quelques jours auparavant avec quatre cens hommes; & les ſieurs de Chambly & Berthier commandans des Forts de ſaint Loüis & de l'Aſſomption, furent laiſſés, pour partir quatre jours aprez Monſieur de Tracy avec l'arriere-garde. Comme il falloit aller ſix vingt lieuës avant dans le païs, pour trouver les bourgades des ennemis, & comme il y avoit beaucoup de grands lacs, & de grandes rivieres à paſſer, pour y arriver; il fallut auſſi ſe munir de commodités pour l'eau & pour la terre. On avoit pourveu aux baſtimens neceſſaires pour cette expedition; il s'en trouva trois cens de preſts, dont une partie eſtoit des bateaux treslegers, & l'autre des canots d'écorces d'arbres, dont chacun porte au plus cinq ou six personnes. Il falloit, quand on avoit passé un lac ou une riviere, que chacun se chargeast de son canot, & que l'on portast les bateaux à force de bras; ce qui faisoit moins de peine, que deux petites pieces de canon qu'on mena jusqu'aux dernieres bourgades des Iroquois, pour en forcer plus aisément toutes les fortifications.

Quelque soin qu'on prist de faire cette marche avec peu de bruit, on ne pût empécher que quelques Iroquois, envoyés jusqu'à trente ou quarante lieuës pour découvrir nos troupes, ne vissent de dessus les montagnes cette petite armée navale, & ne courussent en donner avis à la premiere bourgade: de ſorte que l'allarme s'étant en ſuite portée de bourgade en bourgade, nos troupes les trouverent abandonnées, & l'on ne pût voir que de loin, ces Barbares, qui faiſoient ſur les montagnes de grandes huées, & tiroient ſur nos ſoldats pluſieurs coups perdus.

Nos Troupes ne s'arreſtant à toutes ces bourgades qu'elles trouvoient vuides d'hommes, mais pleines de bled & de vivres, qu'autant de temps qu'il en falloit pour prendre les rafraichiſſemens neceſſaires, eſperoient trouver une vigoureuſe reſiſtance dans la derniere, qu'on ſe preparoit à attaquer regulierement; parce que les Barbares témoignoient aſſés par le grand feu qu'ils y faiſoient, & par les fortifications qu'ils y avoient faites, s'y vouloir tres-bien defendre. Mais nos gens furent encore frustrés de leur esperance: car à peine les ennemis virent-ils l'avant-garde s'avancer, qu'ils prirent promptement la fuite dans les bois, où la nuit empécha les nostres de les pouvoir poursuivre. On vit assés par une triple palissade, haute de vingt pieds, dont leur place estoit environnée, par quatre bastions dont elle estoit flanquée, par leurs amas prodigieux de vivres, & par la grande provision d'eau qu'ils avoient faite dans des caisses d'écorce, pour éteindre le feu quand il en seroit besoin; que leur premiere resolution avoit esté toute autre, que celle que la terreur de nos armes leur avoit fait prendre subitement. On trouva

ſeulement quelques perſonn
que leur grand âge avoit empéch
de ſe retirer du bourg deux jou
auparavant avec toutes les fem
mes & les enfans, & les reſtes de
corps de deux ou trois Sauvag
d'une autre nation, que ceux-
avoient à demi brûlés à petit fe
avec leur fureur accouſtumée.
falut donc ſe contenter, apre
avoir arboré la Croix, dit la Meſ
ſe, & chanté le *Te Deum* en ce lieu
là, de mettre le feu aux paliſſad
& aux cabanes, & de conſume
toutes les proviſions de bled d'In
de, de feves, & d'autres fruits d
païs qui s'y trouverent. On re
tourna en ſuite aux autres bourga
des, où l'on fit le meſme dégaſt
auſſi bien que dans toute la cam
pagne. De ſorte que ceux qui ſça
vent la maniere de vivre de ce

Barbares, ne doutent point que la faim n'en fasse presque autant mourir qu'il en fust peri par les armes de nos soldats, s'ils les eussent osé attendre ; & que ce qui en restera ne se reduise par la crainte à des conditions de paix, & à une conduite qu'on eust obtenu d'eux plus difficilement par des victoires plus sanglantes.

Le retour de nos Troupes fut plus fâcheux que le chemin qu'elles avoient fait en allant ne l'avoit esté ; parce que les rivieres estant cruës de sept ou huit pieds par les pluies, elles se trouverent bien plus difficiles à passer ; & une tempeste qui s'éleva sur le lac de Champlain, y fit perir deux canots & huit personnes, parmi lesquelles on regretta sur tout le sieur du Luques Lieutenant d'une

Compagnie, qui a ſignalé ſouvent ſa valeur en France, auſſi bien que dans le Canada.

Le courage de nos Troupes fut toûjours merveilleuſement excité dans les travaux de cette entrepriſe, & dans l'attente du danger, par l'exemple de Monſieur de Tracy, de Monſieur de Courcelles, de Monſieur de Saliere Meſtre de Camp du Regiment, & du Chevalier de Chaumont, qui voulut toûjours avoir place parmi les enfans perdus aux approches des bourgades: & leur generoſité fut animée du zele & des ſentimens de pieté que Meſſieurs du Bois & Coſſon Preſtres ſeculiers, & les Peres Albanel & Rafaix Ieſuites tâchoient inceſſamment de leur inſpirer.

Noſtre excellent Prelat qui avoit toûjours levé les mains au Ciel, & mis tout le monde en prieres durant l'absence de nos Troupes, fit rendre graces à Dieu, & chanter le *Te Deum* à leur retour. Tout le monde a ici conceu de nouvelles esperances, par les bontés que le Roi a pour ce païs, & par la maniere dont on voit s'y affectionner la Compagnie des Indes Occidentales, à qui sa Majesté en a confié le soin: De sorte que l'on ne doute point qu'on ne voie bien-tost des Villes fort peuplées en la place de ces grandes forests, & Iesus-Christ adoré dans toutes ces vastes contrées.

FIN.

LETTRE
DE LA
REVERENDE MERE
SVPERIEVRE

Des Religieuſes Hoſpitalieres de Kebec en la Nouuelle France.

Du 3. *Octobre* 1666.

LETTRE

DE LA REVERENDE Mere Superieure des Religieuses Hospitalieres de Kebec en la Nouuelle France.

Du 3. Octobre 1666.

*A Monsieur** Bourgeois de Paris.*

MONSIEVR

Nostre Seigneur, soit nostre eternelle recompense. Nous auons receu vos Lettres auec vne joye bien sensible de vous sçauoir en bonne santé, il il ne se peut qu'vne si bonne disposition corporelle dans vn si grand âge ne ſoit vn effet des promeſſes que Noſtre Seigneur a faites à ceux qui comme vous le ſeruent ſi fidellement en ſes membres : Nous le prions, de tout noſtre cœur de continuer à vous combler de ſes graces durant cette vie, & de vous faire gouſter durant toute l'eternité le bon-heur qu'il y à d'auoir travaillé icy bas pour l'auancement de ſa gloire & le ſoulagement des pauures abandonnez. Nous auons receu tous vos ballots ſans leſquels nos pauvres malades auroient manqué de toutes les choſes les plus neceſſaires dans leurs infirmitez, puiſqu'il ne nous eſt rien venu pour les aſſiſter que ce que vous nous auez envoyé, ce qui augmente de plus en plus nos obligations enuers vous & les perſonnes pieuſes qui ſe joignent à vous pour y contribuer de leurs aumoſnes, dont je vous rend de tres-humbles actions de graces au nom de nostre petite Communauté & de nos pauures malades ; mais nos remercimens sont bientost suiuis de nouuelles demandes, je vous enuoye vn petit memoire de ce qui nous est le plus necessaire, je ne doute point que vous ne fassiez vostre possible pour nous procurer les choses que nous y demandons, nous auons trop de preuues de vostre bonté, & pour moy je vous auouë, Monsieur, que je ne puis me lasser d'admirer la perseuerance de vostre charité depuis vne si longue suitte d'années, que vous la pratiquez en faueur de nostre Hospital. Bon Dieu : que de benedictions vous attendent dans le Ciel, & que de personnes en ont trouué la porte par les moyens que vous nous auez donné de leur procurer ce bonheur. Nous auons continué l'exercice de nostre vocation pendant toute l'année sans auoir eu preſque aucun relaſche, no ſales ayant eſté touſiours pleines de malades de telle ſorte, que nous en auons eu plus de douze mil, auſquels nous auons rendu tout le ſeruice poſſible, le nombre augmentant noſtre zele, & l'exemple que nous receuions des trauaux de Monſeigneur l'Eueſque de Petrée noſtre tres-digne Prelat, & de Monſieur de Charny noſtre tres-honoré Superieur ſeruant d'vn doux & fort aiguillon pour nous porter à ne rien oublier en des occaſions ſi pretieuſes aux yeux de Dieu : mais quoy que nous nous y ſoyons toutes emploiées de toutes nos forces nous n'auons pourtant pû tout faire, & nous auons eſté obligées de prendre des femmes à journée pour nous ayder, encore n'en trouue t'on qu'avec bien de la peine, nous avons aſſurément beſoin de quelques filles pour eſtre Religieuſes, il y en a icy deux d'aſſez bonnes familles qui ſe preſentent, elles nous ſont fort propres, mais elles ſont tres-pauures, & nos Superieurs ne jugent pas à propos en l'eſtat ou nous ſommes de nous permettre de les receuoir pour rien : Ie vous ſupplie Monſieur, de prendre ſoin quand il ſe preſentera quelque charité de nous la faire eſcheoir, les dots ne ſont pas ſi grands icy qu'en France, il y a des perſonnes charitables qui ſont quelquefois bien aiſes de donner dequoy pouruoir vne fille, ſoit en la mariant ſoit en la mettant en Religion, ſi vous faiſiez vne pareille rencontre cela feroit grand plaiſir à celles qui ſont deſia toutes habituées icy, entre autres à vne qui à le deſir d'eſtre Religieuſe depuis douze ans & eſt agée de vingt, elle ne nous a declaré ſon deſſein que l'année paſſée croyant eſtre receuë à cauſe du beſoin que nous en auons, nous la receurions tres-volontiers ſi nos Superieurs nous le vouloient permettre, Voyez Monſieur, s'il ſe pourra faire quelque choſe, j'ay promis à cette bonne fille de vous en eſcrire, ce que je fais de bon cœur, ſçachant voſtre grande charité & amour pour les pauures, dont le Canada eſt fort plein, jamais il n'y en a eu ſi grand nombre : depuis le départ des Vaiſſeaux nous auons eu quatre Huguenots fort malades, & fort obſtinez en leur fauſſe creance, nous auons pris toutes les peines imaginables pour les mettre dans le veritable chemin du Paradis, mais inutilement & ſans aucun fruit en apparence, juſqu'a ce que Noſtre Seigneur (à qui ſeul appartient de benir les moments & de ſanctifier les trauaux de ſes eſlûs) rengregant le mal de ces pauures aueuglez en tira le ſalut de leurs ames, & de telle ſorte que nous fuſmes toutes remplies de joye & d'admiration conſiderant vn changement ſi ſubit & des ſentimens ſi Chreſtiens en des perſonnes qui durant tout le reſte de leur vie n'a-uoient pas eu la moindre idée de pieté ; le comble de noſtre conſola-tion eſt qu'ils ſont morts dans ces bonnes diſpoſitions, & meſme l'vn d'eux mourut vn moment aprés auoir receu le ſaint Viatique & jetta le dernier ſoûpir en produiſant vn acte d'amour de Dieu, Vous appren-drez par la Relation comme le grand courage de Monſieur noſtre Gouuer-neur luy fit faire vne campagne con-tre les Iroquois durant les rigueurs de l'Hyuer paſſé, & ſans m'arreſter à vous en mander plus au long les par-ticularitez, je vous diray ſeulement qu'ayant amené quelques priſon-niers de l'vn & de l'autre ſexe, il s'eſt trouvé vne femme Iroquoiſe laquelle ne pouuoit ſouffrir. qu'on luy parlaſt de nos myſteres & refuſoit auec vn extréme meſpris, tout ce que le zele & la charité du Reuerend Pere Chaumonot luy en diſoit, cependant eſtant deuenuë malade elle a eſté apportée à noſtre Hoſpital, ou par la miſericorde de Noſtre Sauueur, elle a changé ſi parfaitement de ſentimens que d'elle meſme elle a ſupplié qu'on l'inſtruiſit, & a receu tous ſes Sacremens dans vne paix & vne douceur extraordinaire dans laquelle elle eſt morte; il y a encore en noſtre Hoſpital vn Iroquois qu'on inſtruit pour eſtre catholique: Nous auons auſſi vne petite fille de meſme nation agée de ſix ans, laquelle fuyant de ſa cabane à cauſe du grand carnage qu'elle y voioit fut priſe par vn de nos habitans, qui eſtant icy de retour en fit preſent à

Monſieur Talon Intendant pour ſa Majeſté dans tout le Canada, il nous la miſe entre les mains, cet enfant ne ſe ſent point des inclinations Sauuages ayant le naturel fort doux, l'eſprit fort gentil & fort propre à la deuotion, elle ne manque pas de ſe trouuer auec nous dans toutes nos obſeruances du Chœur & y demeure auec vne modeſtie admirable. Il faut que je vous auoüe que ce nous eſt vn grand bonheur d'auoir vn ſi braue Intendant, c'eſt vn excellent homme pour ſa charité enuers les pauures, ſa capacité pour les affaires, ſa douceur & ſon induſtrie à contenter tout le monde; ſa prudente conduite nous fait gouſter auec beaucoup de conſolation les effets de la paix & de la concorde entre les Soldats; il viſite jour & nuict auec des ſoins tout particuliers ceux qui ſont bleſſez & malades dans noſtre Hoſpital. Monſieur de Traçy, & Monſieur noſtre Gouuerneur ſont partis auec quinze cens hommes pour aller ranger les Iroquois ſous l'empire de noſtre puiſſant Monarque, nous commencerons demain l'Oraiſon des quarante heures pour cette fin : ſi Dieu donne bonne iſſuë à cette entrepriſe comme on l'eſpere, la porte de l'Euangile ſera ouuerte à bien des Nations, c'eſt tout ce qu'on deſire que de gagner beaucoup d'ames à Dieu, car pour des biens de fortune il n'y en faut point eſperer ; Croyez Monſieur, que durant nos deuotions nous ne vous oublirons pas ny toutes les perſonnes qui contribuent à vos charitez, & quoy que chaque jour nous nous ſouuenions de vous, & de nos bien-faicteurs ſi eſt-ce que dans les grandes deuotions nous nous en ſouuenons plus particulierement ; Nous ſupplions la Diuine bonté de vous conſeruer encore longues années, voſtre âge nous fait apprehender, de vous perdre, & pour moy ſi je pouuois prolonger voſtre vie en donnant la mienne, je le ferois de tout mon cœur, & auec la meſme affection auec laquelle je ſuis

MONSIEVR,

Voſtre tres-humble & tres-obeïſſante ſeruante en Noſtre Seigneur, *Sœur* Marie de S. Bonauanture de IESVS *Su*perieure indigne.

De l'Hoſtel D*ieu de Kebec,*
le 3. *Octobre* 1666.

MESSIEVRS ET DAMES qui auront la bonté de faire quelques charitez & aumosnes des Drogues & autres choses specifiées au Memoire cy-aprés escrit, sont priez de les enuoyer chez Monsieur Cramoisy Imprimeur ordinaire du Roy, Bourgeois de Paris demeurant rue S. Iacques, ou de l'en faire auertir, & il ne manquera de les enuoyer querir.

MEMOIRE DES CHOSES necessaires pour le soulagement des pauures malades de l'Hospital de Kebec de la Nouuelle France, pour leur pouuoir estre enuoyées au mois de Février & Mars 1667. au plus tard.

SIX liures de Sené,
Trois liures de Rubarbe fine,
Deux liures de Scamonée fine,
Vne liure d'Opium,
Deux liures de Myrrhe fine,
Deux liures d'Aloës,
Dix liures de Diapalme,
Vingt liures de Litarge d'or,
Vingt liures de Litarge d'argent,
Deux liures de Sublimé acre,
Deux liures d'Iris de Florence,
Quatre liures d'Anis verd,
Six liures de Poiure,
Dix liures d'Alun d'Angleterre,
Six liures de bonne Reglisse,
Du Sucre & de la Cassonade le plus qu'on pourra,
Douze liures de Ris,
Vingt liures de cire jaune & blanche pour les onguents,
Des Draps ou de la Toille pour en faire,
Des Chemises à hommes & à femmes,

Des Bonnets de laine pour hommes & pour femmes, Des Seruiettes,

Du vieux linge, les engelures, les playes, & le flux de ſang, qui ſont les maux ordinaires de ce pais, font que nous manquons de linge, s'en conſommant vne grande quantité tous les ans dans noſtre Hoſpital,

Six Couuertures vertes,
Douze chopines d'eſtain,
Des cuilliers, & des Fourchettes d'eſtain,
Vingt quatre Eſcuelles d'eſtain,
Vingt quatre Saucieres d'eſtain,
Douze Aſsiettes d'eſtain,
Six Plats d'eſtain à larges bords,
Douze Pots de chambre d'eſtain,
Quatre baſſins de chambre d'eſtain,
Deux bonnes Lanternes de corne,
Des Platines de cuiure jaune,
Deux coquemars de cuiure,
Vne Rame de Papier broüillard,
Deux Rames de bon Papier pour eſcrire,
Du cotton pour les Lampes,
De la meſche pour la chandelle,
Des Peignes pour les malades,
Dix liures de cierges blancs,
Vn Meſſel Romain des derniers imprimez, auec le Propre des Saints de l'Ordre de S. Auguſtin,
Des petites Heures pour prier Dieu, & d'autres petits Liures de deuotion,
Des Chapelets.

www.ingramcontent.com/pod-product-compliance
Lightning Source LLC
LaVergne TN
LVHW050427160826
845677LV00002BA/575